Criterios de selección de ideas

Volumen 3 de la serie

Creatividad Aplicada

Página oficial de la serie

Habilidades y técnicas esenciales para la creatividad, la innovación y la resolución de problemas

Jairo Siqueira

Vol.3 de la serie Creatividad Aplicada

Página oficial de la serie

Jairo Siqueira, 02 2012

3 ª edición

1ª edición en castellano

Editorial: La eBookeria.com

Traductor: Fabian Rueda

(MSc. Gerencia de innovación y tecnología)

Innovacion7x24.com

Editorial: **LaeBookeria.com**

El autor: Jairo Siqueira

Ingeniero con más de 30 años de experiencia empresarial en puestos ejecutivos en empresas como Usiminas, Vale, Sul America Seguros y el Instituto Brasileño de Calidad Nuclear así como consultor independiente en gestión estratégica, garantía de la calidad en instalaciones nucleares, gestión y mejora de la calidad y la innovación en procesos de negocio.

Actuando como consultor y entrenador desde 1993, ha participado en importantes proyectos de innovación y desarrollo de la organización en sectores como la alimentación, energía, logística, metalurgia, minería, petróleo, y salud y seguros.

Estos proyectos incluyen organizaciones como la ANVISA, la Agencia Nacional de Petróleo, Air BP Brasil, ApexBrasil, EBSE - Soluciones de Ingeniería, Eletronuclear, ECT, Embratel, Furnas, el Hospital Samaritano, Hypermarcas, INB - Industrias Nucleares de Brasil, Ministerio de Salud, Ministerio de Justicia, Ministerio de Planificación, Perdigao, Sul América Seguros y Kreditanstalt für Wiederaufbau KfW

Formación en;

- Desarrollo de metodologías y formación en Creatividad e Innovación, Planificación Estratégica, Gestión del Cambio, Gestión de la Calidad, gestión y mejora de procesos y negociación.
- Certificados Six Sigma Champion de Juran Institute, Calidad Certificada Auditor jefe por STAT-A-Matrix Institute.
- Certificación como Auditor y Formador en Aseguramiento de la Calidad en las instalaciones nucleares por el Instituto Brasileño de Calidad Nuclear - IBQN.

Introducción

Creo que convertirse en un pensador más creativo es muy importante, y está al alcance de cualquiera, especialmente para los jóvenes estudiantes y profesionales de los diferentes sectores de la actividad humana. *Ser más creativo* significa ampliar y desarrollar las habilidades para resolver problemas y aprovechar las oportunidades que surgen en la vida cotidiana. Esto implica el dominio de algunas técnicas, herramientas y estrategias que nos ayudan a comprender los desafíos, generar ideas para hacer frente a estos desafíos, seleccionar las mejores opciones y a planificar e implementar eficazmente las medidas de mejora o innovación.

En el primer volumen le enfrentamos con el proceso creativo, sus factores condicionantes, estructurales, los aspectos inhibidores, el bloqueo creativo y los problemas para generar ideas y por último las actitudes comunes en todas las personas creativas y como lograr incorporarlas a su vida; un que debe hacer sencillo y concreto.

En la serie Creatividad Aplicada (Vol. 2) encontrará además un desarrollo exhaustivo de un número importante de herramientas de creatividad. Existe una amplia gama de recursos que reflejan una gran diversidad de estilos y enfoques. En este libro, se presenta una selección de herramientas de creatividad que considero esenciales y suficientes para la mayoría de las situaciones relacionadas con la innovación de productos, servicios y procesos. Las herramientas seleccionadas se han utilizado con éxito en la industria, sino también en el comercio, la publicidad, el gobierno, la educación, el ocio y otros sectores.

En este Vol.3 (Criterios de selección de ideas) nos enfrentamos a un proceso aún más difícil, que exige tanto creatividad como planificación, organización, liderazgo y capacidad de decisión; llegó el momento de decidir que ideas llevar a cabo, y crear un plan de acción, liderar el grupo y saber como vender sus ideas.

Jairo Siqueira

Índice

El autor: Jairo Siqueira

Introducción

Índice

Desarrollo y Selección de Ideas

    La tragedia de las ideas perdidas

        Evaluación y desarrollo de las ideas con la mente abierta

            Paso 1: Simplemente decir "tal vez"

            Paso 2: Busque el aspecto positivo

            Paso 3: Identificar los problemas a resolver

            Paso 4: Genere ideas para eliminar las barreras

            Paso 5: Genere un plan de acción

    Criterios para la Evaluación de Soluciones Creativas

        Eficacia

        Eficiencia

        Novedad

    Matriz de clasificación de ideas

        ¿Por qué clasificar?

        Pon color a sus ideas

        Uso de la Matriz de clasificación de las Ideas

        ¿Prudencia o audacia?

    PNI: Positivo, Negativo e interesante

        Definición

        ¿Cuál es el propósito?

¿Cómo usar PNI?

Ejercicio

Análisis de las fuerzas

Definición

Cuándo utilizarlo

Cómo utilizarlo

Diagrama de Afinidades

Definición

Cuándo utilizar

Cómo utilizar

Matriz de decisión

Definición

Cuándo utilizarla

Cómo utilizarla

Capítulo IV: Solución Creativa de Problemas

Introducción

Solución creativa de problemas: 3 Etapas

Resumen; tres etapas - seis pasos del SCP:

Preparación para el SCP

Identifique los resultados deseados.

Considere las personas involucradas

Considere la naturaleza del problema

Determine el enfoque adecuado

Definición del desafío

Distorsiones en la definición del problema

Identificación del problema - Paso 1

Selección de oportunidades

Exploración de datos - Paso 2

Formulación del problema - Paso 3

Generación de ideas

Generación de Ideas - Paso 4

Las actitudes de las personas altamente creativas

Pre-selección de ideas

Preparación para la acción

Desarrollo de Soluciones - Paso 5

Explorando ideas prometedoras

Comparación y selección

Factibilidad de los cambios - Paso 6

Implementación de la solución

Apéndice - Modelo para la planificación de la ejecución

Capítulo V: Transformando ideas en acciones

Cómo transformar las ideas en acciones

Definición del objetivo

El objetivo debe específico

Sí su objetivo es medible, puede ser gerenciado

El objetivo debe ser tangible para para compensar sus esfuerzos

El objetivo debe pasar por el filtro de la realidad

Si el objetivo no tiene una fecha límite, nunca será concluido

El plan de acción

¿Quién debe participar en la planificación?

Las actividades de planificación: paso a paso en una secuencia lógica

¿Cuando deben ser ejecutadas las actividades?

¿Quién será responsable de la ejecución?

Viabilidad del cambio

El arte de vender sus ideas

La gestión de la ejecución

Las claves de la aplicación efectiva

Bibliografía

Desarrollo y Selección de Ideas

La tragedia de las ideas perdidas

Seguramente que presenciado, o experimentado, muchas veces esta escena: alguien tiene una idea nueva, llena de entusiasmo, y las cabezas empiezan a balancear negativamente, murmurando "¡No! ¡No! No ". Otra idea que ha sido liquidada sin evaluar sus méritos, una más llevada al pelotón de fusilamiento porque parece poco factible para alguno de los evaluadores, sin evaluar sus fortalezas e intentar neutralizar sus puntos negativos.

Esta es una situación muy común en todas las organizaciones, a diario miles de ideas son *aniquiladas* sin apenas tener en cuenta sus posibilidades. El aspecto más trágico de esta actitud es que se acaba inhibiendo las cabezas *creativas* de la empresa. Por cada idea creativa descartada hay un creativo dudando sí debe arriesgarse a comunicar sus próximas ideas.

En tales situaciones pueden decidir actuar como un *sepulturero* o como un *jardinero*., siendo aquel que intenta enterrar esa nueva idea lo más profundo posible, de modo que no le vuelva a molestar, evaluando y juzgando esas ideas en base a su viabilidad inmediata, descartando aquellas que implican algún tipo de dificultad en su implementación.

Por otro lado, el *jardinero de ideas*, sabe que la semilla de toda innovación es una idea altamente especulativa, incompleta, que precisa de ser desarrollada para tornar viable y práctica. Por su propia naturaleza, cuanto más más ambiciosa sea la idea, más frágil será y más fallas deberán ser corregidas. Es importante reconocer que a medida que luche contra los obstáculos, construyendo la viabilidad de idea, irá modificando e incluso transformándola. *El resultado final puede ser muy diferente a la idea original,* siendo esta la verdadera naturaleza del desarrollo de las ideas. No hay nada malo en este proceso, ya que el producto final es reconocido como valioso, útil y viable. En este caso, el valor de la idea original ha sido su papel de *gatillo del proceso innovador.*

La belleza de este enfoque es que permite comenzar con una idea nueva y fresca sin ser cegados por sus defectos, cuya existencia es inevitable. Debido a que cuenta con los medios para construir su viabilidad de forma sistemática, tiene más libertad para usar su imaginación para mejorarla o transformarla. Durante este proceso de desarrollo de ideas, el *jardinero* recorre un sendero de cinco etapas.

Evaluación y desarrollo de las ideas con la mente abierta

Paso 1: Simplemente decir "tal vez"

Borre la palabra "no" de su vocabulario (temporalmente), ya que corta un mundo de posibilidades. En este paso debe decirse a sí mismo que, otorgándole a una idea una visión constructiva, le damos opciones para demostrar sus méritos y ser muy valiosa.

Paso 2: Busque el aspecto positivo

Articule los aspectos y características de la idea de que son positivos, incluso si usted no está de acuerdo totalmente. Trate de ser específico acerca de los aspectos positivos. Este es un paso importante, ya que establece una mentalidad diferente de la actitud típica "aquí es donde esta idea tiene fallas". Una actitud constructiva le ofrece una oportunidad a esta idea para vivir un poco más y revelar un número sorprendente de características positivas que de otro modo no serían percibidas.

Paso 3: Identificar los problemas a resolver

Considere que los aspectos negativos son obstáculos a superar, *y no razones* para desestimar la idea. Tenga en cuenta que, en el ciclo de vida de una nueva idea, este es el momento más vulnerable y un enfoque negativo sin duda la descartará antes de tiempo. Esto *no* quiere decir que deba *pasar por alto* los aspectos negativos, sino mantener la idea viva y lograr identificar medidas para neutralizar sus defectos, como por ejemplo esta frase:

> *"Es demasiado caro. No podemos hacerlo dentro de nuestro presupuesto. "*

Se transformaría en una más positiva:

> *"Vamos a ver si podemos hacerlo a un costo más bajo."*

Las dos afirmaciones reflejan el alto costo de la idea, sin embargo una cierra las puertas mientras la siguiente invita a los creativos a buscar soluciones para ese defecto.

Paso 4: Genere ideas para eliminar las barreras

Concéntrese en primer lugar en el problema más difícil y genere ideas específicas para eliminarlo, porque muy a menudo otros problemas son derivado del principal, en consecuencia, al solucionar el problema más difícil estará resolviendo total o parcialmente otros secundarios.

Paso 5: Genere un plan de acción

Articule el nuevo concepto que ha desarrollado, asegurándose de que incluye todos los elementos que incorporó para que sea viable. Enumere los pasos necesarios para implementarlo.

En una organización que no sabe cómo ser receptivos al pensamiento creativo, no sólo se pierden las ideas sino también a su creadores. La receptividad a las nuevas ideas no solo se refleja durante la fase de generación de ideas, sino que abarca también el tratamiento que se da a las ideas presentadas. Es esencial contar con una metodología sólida para la evaluación, desarrollo y selección de ideas, contando como ventajas:

- se asegura que todas las ideas serán consideradas adecuadamente y ninguna de ellas se perderá por negligencia en su evaluación;
- asegura a los colaboradores que sus contribuciones tendrán un trato profesional y serán evaluadas de acuerdo a criterios objetivos y transparentes.

En esta sección presentamos algunas herramientas que le ayudan a comparar, clasificar, seleccionar y desarrollar ideas y así sacar el máximo provecho de la fase de generación de ideas. Estas herramientas pueden usarse individual o combinadas, dependiendo de sus necesidades.

Criterios para la Evaluación de Soluciones Creativas

El valor o el mérito de una idea (o la solución de un problema) se pueden determinar por el grado en que se cumplen los requisitos pre-establecidos para la solución del problema, siendo estos determinados por la naturaleza de cada problema y constituyen el conjunto de los criterios de evaluación de las ideas generadas.

A continuación algunos de los criterios utilizados en la evaluación de las ideas, cuya aplicabilidad depende de la naturaleza de cada problema; seleccione los criterios adecuados y complementarlas con criterios específicos del problema a resolver.

Eficacia

Efectiva: resuelve problema efectivamente, la solución alcanza los objetivos deseados. Muchas de las soluciones son sólo parciales y el grado en que la solución funciona es una medida importante para comparar varias soluciones y determinar la superioridad relativa. Efectos secundarios negativos, como el impacto ambiental, la reacción hostil de los consumidores, alto consumo de energía, etc., deben ser considerados.

Atención a las restricciones: la solución funciona dentro de los límites fijados para el problema. Las restricciones se refieren a las especificaciones, el plazo, el presupuesto, etc.

Aceptación: la solución agrada a aquellos que deben implementarla, a los consumidores, a la sociedad y aquellos afectados por el mismo. Los efectos secundarios negativos son insignificantes o inexistentes.

Eficiencia

Costo / beneficio: la solución es económica, con una alta relación precio / desempeño. Vale la pena el esfuerzo y los recursos financieros invertidos.

Practicidad: la solución es lógica, práctica y fácil de entender, implementar, operar y usar.

Fiabilidad: la solución funcionará por largo tiempo con fiabilidad, consistencia y eficacia.

Novedad

Originalidad: solución innovadora, sorprendente. Va más allá de las líneas habituales de pensamiento.

Estética: la solución es refinada, hermosa, elegante, atractiva.

Germinación: la solución crea las bases para soluciones similares, abre nuevas perspectivas para evolución futura. Representa el inicio de nuevos cuestionamientos, de ideas prometedoras.

Algunos de estos criterios pueden no ser relevantes para una situación dada, seleccione con cuidado y complemente con los criterios específicos aplicables.

¿Por qué clasificar?

La generación de ideas es una etapa *crucial del proceso creativo,* pero *no la única* ni la parte final, como algunos pueden pensar. Decidir qué hacer con las ideas generadas, cuales tomar en cuenta y cuales dejar a un lado igualmente una actividad importante y crítica en el proceso creativo. *Descuidar la cosecha puede hacernos perder los mejores frutos de la temporada.*

Después de la fase creativa contamos con docenas de ideas para examinar y seleccionar. En este punto, la tendencia natural es comparar estas ideas usando criterios de viabilidad técnica, económica, política, etc., teniendo como consecuencia un proceso de eliminaciones sucesivas, hasta lograr una única idea. Esto puede ser un gran error ya que estamos utilizando *un solo criterio para comparar cosas diferentes,* llevando al proceso de una riqueza de ideas a la pobreza de opciones, aquellas más triviales y conservadoras o por ideas demasiado visionarias y poco factibles.

Antes de comparar, clasifique las ideas según su grado de innovación. Seguidamente, compare entre sí las ideas de una misma clase seleccionando las mejores. Al final contará con un conjunto de buenas ideas, que representan a su vez las diferentes etapas de la innovación; desde los más triviales hasta las más visionarias. De esta manera el equipo estará mejor preparado para decidir sobre la estrategia de innovación más adecuada, es decir, aquellas ideas que pueden ser implementadas de inmediato, las que necesita ajustes y mejoras, a implementar a mediano y largo plazo.

Pon color a sus ideas

La *matriz de clasificación de ideas* es una herramienta que nos ayuda a agrupar las ideas de la misma naturaleza. La matriz se basa en dos conceptos; la innovación y la viabilidad, formando cuatro clases de ideas representadas por cuatro colores: azul, verde, rojo y amarillo.

Clase	Color	Descripción
Corto plazo	Azul	Mejoras incrementales o pequeñas innovaciones que se pueden implementar en base a la tecnología, los conocimientos, habilidades y actitudes existentes. Requiere sólo pequeños ajustes.
Innovaciones	Verde	Cambios profundos, una ruptura con la forma tradicional de hacer las cosas; introducción de nuevos conceptos y nuevas tecnologías, requiere nuevos conocimientos, habilidades y actitudes.
Conceptos interesantes	Naranja	Conceptos son ideas generales que prometen, pero aún no lo suficientemente desarrollados para ser utilizados. Sirva como gatillos para la generación de ideas más específicas.
Muy arriesgadas	Amarillo	Ideas que no pueden ser utilizados en este momento. Tal vez algún día, pero no en el corto plazo.

Uso de la Matriz de clasificación de las Ideas

- ☐ Lista y numeración de las ideas.
- ☐ Proporcione una lista a cada participante o colóquela en la pared.
- ☐ Entregue a cada participante cuatro tarjetas, de los colores azul, verde, rojo y amarillo.
- ☐ Pida a cada participante que seleccione un cierto número de ideas de cada clase. Este número, el mismo para todos los participantes, es definido por el coordinador, dependiendo del número total de las ideas a ser clasificadas, como se sugiere en la siguiente tabla:

Número total de ideas	Votos por color

Mayor de 30	Hasta 10
21 - 30	Hasta 7
11 - 20	Hasta 4
Hasta 10	1 a 3

- Cada participante escribe el número de la idea en su tarjeta colorida hasta completar el número de votos permitidos para cada color. Es obligatorio que cada participante utiliza el número total de votos por tarjeta.
- Contar el número de colores por idea. Cada idea será clasificada por el color dominante, es decir, el color más votado.
- Las ideas no votadas, sin color, se dejan de lado.

¿Prudencia o audacia?

Las ideas naranja (interesante y conceptos prometedores) son soluciones genéricas que pueden proporcionar direcciones a las ideas más prácticas y objetivas, mereciendo un examen más cuidadoso y detallado. Visite la herramienta "ventilador conceptual" que le puede ayudar en esta tarea.

¿Con qué grupo de idea debería trabajar? La respuesta es: _depende_. Depende del grado de innovación que necesita para resolver su problema. ¿Basta una simple mejora o requiere un cambio radical? ¿Basta tomar un automóvil o requiere de un tren bala? ¿Qué hacen sus competidores? ¿A qué distancia se encuentra de ellos?

A veces, una buena estrategia es poner en práctica, de inmediato, las mejoras simples y prepararse para los cambios más radicales; ¿prudencia o audacia, pequeños pasos o saltos gigantes? _Cada uno sabe dónde aprieta el zapato, así como la longitud de las piernas._

Definición

PNI es una herramienta que tiene como objetivo explorar y desarrollar una idea mediante el análisis de sus fortalezas, debilidades y elementos interesantes.

Positivo: lo bueno, lo que le gusta la idea.

Negativo: las cosas malas, que no te gustan.

Interesante: que le parezca interesante y que merece atención.

En lugar de simplemente decir *"me gusta esta idea"* o *"no me gusta"*, utilice el PNI para seguir explorando sus diferentes aspectos antes de su juicio.

¿Cuál es el propósito?

El PNI nos ayuda a:

- ▫ Consulte ambos lados de un argumento
- ▫ Ver las cosas desde diferentes perspectivas
- ▫ Ampliar su punto de vista sobre un tema
- ▫ Explorar ideas antes de emitir un juicio
- ▫ Justificar mejores las decisiones

¿Cómo usar PNI?

Analice los diferentes aspectos de la idea y clasifique utilizando un marco como éste:

POSITIVO	NEGATIVO	INTERESANTE

Usar el PNI no es simplemente hacer una lista de cosas positivas, negativas e interesantes, sino el análisis cuidadoso de cada uno de estos aspectos, así como explorar, cómo esas ideas pueden ser enriquecidas en cada una de estas tres direcciones.

- En la dirección **Positiva**, como puntos fuertes pueden ser priorizados y utilizados como puentes a nuevos conceptos.
- En la dirección **Negativa,** como las debilidades pueden neutralizados o minimizados sus efectos.
- En la dirección **Interesante,** la exploración de lo que está más allá de la aceptación o rechazo de la idea. Puntos interesantes pueden dar lugar a la percepción de conceptos que revelan nuevas perspectivas y la exploración de opciones antes no consideradas. Utilice la herramienta del ventilador conceptual para desarrollar ideas a partir de estos elementos interesantes.

Algunos de los criterios que pueden utilizarse para evaluar los puntos positivos o negativos de la idea, o si fuese el caso, para su reformulación:

Utilidad: ¿Resuelve la idea el problema? ¿total o parcialmente? ¿genera nuevas dificultades? ¿cómo evitar o reducir los efectos secundarios?

Factibilidad: ¿Se puede poner en práctica? ¿contamos con los medios y los recursos? ¿qué podemos hacer para facilitar su implementación?

Aceptabilidad: ¿Cuáles son las resistencias para su adopción? ¿a quién debemos convencer? ¿cómo hacer que sea más aceptable?

Sostenibilidad: ¿Son los beneficios mayores que los costos? ¿pueden ser reducidos? ¿los beneficios pueden ser ampliados?

Al final del proceso de exploración ha logrado,

- una mejor comprensión de la idea y una base más sólida para la toma de decisiones, o
- si fuese el caso, una reformulación de la idea original, con el fortalecimiento de sus aspectos positivos, minimizando los negativos o la explotación de sus puntos de interés.

Ejercicio

Elabore un marco PNI con las siguientes ideas:

- En el futuro, cada persona contará con un brazalete que, además del teléfono móvil, contará con elementos de identidad de la persona, posicionamiento (GPS) e información sobre su tipo sanguíneo y su historia médica.
- Todo adulto debe servir una semana al año en la fuerza policial.
- Los automóviles privados deben ser prohibidos de los centros de las grandes ciudades.
- Los meses ya no se divide en semanas, pero en períodos de diez días, con siete días consecutivos de trabajo y tres de descanso.

Análisis de las fuerzas

Definición

El análisis del campo de fuerza es una técnica utilizada para examinar todas las fuerzas *favorables* y *contrarias* de una idea o decisión.

Cuándo utilizarlo

Use esta herramienta para identificar y evaluar los fuerzas favorables, la resistencia y la aceptación de una idea o propuesta de cambio. Una comparación entre los pros y los contras ofrece una guía para delinear la estrategia de cambio, con el fin de compensar las fuerzas contrarias y fortalecer las favorables, mejorando la viabilidad y la aceptación de la idea.

Cómo utilizarlo

- Prepare el *Diagrama de Análisis del Campo de Fuerzas,* como se muestra en el ejemplo siguiente. Escribe en la parte superior del diagrama la solución o acción analizada.
    - El lado derecho está reservado para las fuerzas favorables al cambio.
    - La parte izquierda para aquellas fuerzas contrarias al cambio.
    - Para cada fuerza identificada, utilizar una flecha cuyo tamaño sea proporcional a la magnitud de su fuerza.
- Usar una escala para expresar la magnitud de las fuerzas. Ejemplo: 1. Muy débil / 2. Débil / 3. Moderada / 4. Fuerte / 5. Muy fuerte
- Llevar a cabo una sesión de *lluvia de ideas* para identificar las fuerzas a favorables y contrarias.
- Después de la lista, evalúe la magnitud de cada fuerza utilizando la escala anterior.
- Transfiera las conclusiones de la lluvia de ideas al diagrama, como en el ejemplo.

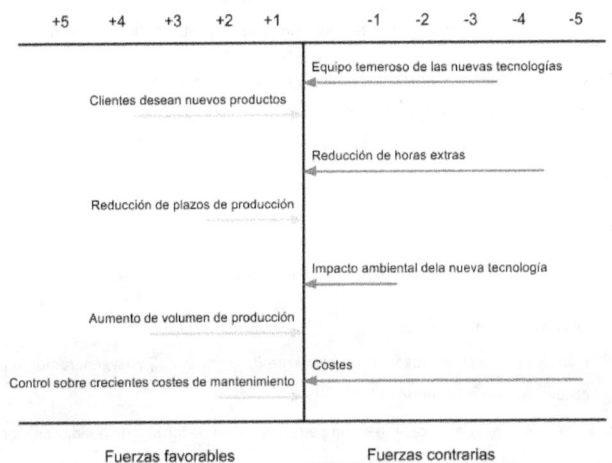

Proyecto: Modernización de una fábrica con una nueva línea de producción

- Analice las fuerzas y verifique cuales pueden ser influenciadas al cambio. Decidir si vale o no vale la pena insistir en la aplicación de la idea.
- Si es así, genere una estrategia para fortalecer las fuerzas favorables y/o debilitar las contrarias
- Defina acciones prioritarias; ¿Qué medidas pueden tomarse para mejorar la viabilidad y la aceptación de la idea y aumentar sus posibilidades de éxito?

Diagrama de Afinidades

Definición

El **Diagrama de Afinidades** es una técnica que nos ayuda a organizar ideas o informaciones similares en grupos. *Afinidad* significa similitud, y el uso de esta técnica consiste en la identificación de temas en un gran conjunto de ideas y de grupo de acuerdo a estos temas (categorías).

Cuándo utilizar

Es útil cuando se tiene una gran cantidad de ideas e información y se torna difícil tomar una decisión sin antes hacer una organización del material, aparentemente sin conexión. Esta técnica nos ayuda a:

- Extraer los temas comunes de una gran cantidad de ideas o información.
- Descubrir conexiones antes no percibidas entre las distintas ideas e informaciones.
- Investigar las causas y soluciones a un problema.

Cómo utilizar

A continuación se muestra el proceso de elaboración del **Diagrama de Afinidad**, paso a paso:

- Describa el problema o tema estudiado.
- Use una herramienta de la creatividad (preferiblemente *Brainstorming*), y así generar ideas para resolver el problema. Elimine duplicidades.
- Escriba cada idea en una tarjeta Post-It o en un pequeño cartón de forma que pueda ser leído por todos los miembros del equipo. Una idea por tarjeta, una tarjeta para cada idea.
- Usando un rotafolio, peque algunas hojas sobre una mesa o en la pared, dividiéndolas en columnas. El número de columnas depende de la cantidad de ideas generadas; 200 artículos pueden requerir hasta 15 columnas. Use letras mayúsculas colocadas en la parte superior de cada columna para

identificación.

- ☐ Explique el proceso al equipo, informando que deben responder a las siguientes preguntas:
  - ☐ ¿Qué ideas son similares?
  - ☐ ¿Qué ideas están conectados entre si?
  - ☐ ¿Qué ideas conducen a acciones similares?

- ☐ Peque la primera tarjeta en la columna central.
- ☐ Coloque la segunda tarjeta y pregunte al equipo sí considera que estas primeras dos ideas son similares; sí es así, péquela en la misma columna central, de lo contrario seleccione otra columna cualquiera. Sí existe una pequeña semejanza lo ideal es colocar la segunda idea en la columna siguiente.
- ☐ Repita el proceso con el resto de cartas, ubicando las ideas similares en la misma columna de las ya discutidas. Sí una idea comparte similitudes con varias, puede hacerse una excepción y duplicarla, de tal manera de poder ubicarla en la columna de las ideas similares. Es importante evitar el exceso de duplicados.
- ☐ Al finalizar la categorización de las tarjeta, examine el tamaño de los grupos (columnas):
  - ☐ Si un grupo contiene sólo una o dos tarjetas, consulte sí deben llevarse a otra columna.
  - ☐ Si un grupo es muy grande en relación a los demás, consulte la posibilidad de dividirlo.
- ☐ Este es el momento de dar nombres a los grupos (columnas). Pregunte al equipo: "¿Qué palabra o frase resume el tema central o la esencia de este grupo" Use títulos cortos, máximo tres palabras.
- ☐ En algunos casos, pueden fusionarse ciertos grupos en "mega grupos", en función a similitudes a un nivel superior.

Nota: en el caso de un alto número de participantes, es recomendable dividir el equipo en grupos pequeños (3 o 4 personas). Cada grupo trabaja aisladamente agrupando ideas similares, evitando la interferencia entre los grupos. Posteriormente el grupo debe reunirse y llegar a un consenso, siguiendo los pasos 6 al 11.

Matriz de decisión

Definición

Este tipo de matriz permite la comparación y priorización de soluciones a un problema y elegir la mejor opción, a través de:

- ☐ la especificación y selección de criterios de evaluación basado en las necesidades de los *"decision makers"*.
- ☐ Evaluación, clasificación y comparación de diferentes soluciones

Cuándo utilizarla

Es muy útil en el momento de tomar una decisión entre varias ideas alternativas, que pueden ser comparadas a través de una serie de criterios que expresan los requisitos que deben ser considerados en la resolución del problema.

Cómo utilizarla

La estructura de la matriz se inicia sobre la definición sobre la información necesaria para la toma de decisiones:

Criterios:

Seleccione los conceptos que expresan los requisitos establecidos para la comparación de las *ideas / soluciones generadas*. Este es un paso crucial y la elección depende de la naturaleza del problema a resolver. Comience por preguntarse: ¿Qué requisitos deben cumplirse para garantizar la eficacia en la solución de este problema?

Algunos de los criterios utilizados son su originalidad, utilidad, aceptabilidad, sostenibilidad, funcionalidad, valor de la inversión, beneficios, etc. Esta lista es sólo un ejemplo y no es una recomendación general.

Consulte los Criterios para la Evaluación de Soluciones Creativas en esta sección.

Peso:

Definir una ponderación para cada criterio en función de su importancia en la decisión final. Este peso es un número entero elegido en un rango previamente definido (1 a 3, 1 a 5 o de 1 a 10, etc), asignando la mayor ponderación a los criterios más importantes.

Opciones:

Son las diferentes ideas o soluciones a ser evaluadas y comparadas.

Puntos:

Defina la escala de calificación para evaluar la medida en que cada opción cumple con cada uno de los criterios. Por ejemplo, una escala de 1 a 5, la puntuación más baja (1) significa que la opción evaluada cumple poco con el criterio, así como una puntuación alta (5) significa un cumplimiento del 100%, siendo los valores 2, 3 y 4 etapas intermedias.

Algunos criterios tales como los *costes* y los *riesgos* son calificados a la inversa; es decir, el peso 1 para altos costos o riesgos. Puntuación máxima de para bajos costos y riesgos.

Evaluación:

El resultado de multiplicar el *número de puntos asignados* a una opción en cierto criterio por *la ponderación de este criterio*. Al final se realiza la sumatoria, para cada opción, de los resultados de las multiplicaciones, y así obtener la puntuación total y la clasificación por cada opción.

		Opción A		Opción B		Opción C	
Criterios	Peso	Puntos	Evaluación	Puntos	Evaluación	Puntos	Evaluación

Criterio C1	1	3	3	5	5	2	2
Criterio C2	2	2	4	2	4	4	8
Criterio C3	2	1	2	3	6	1	2
Criterio C4	3	1	3	2	6	1	3
Total			12		21		15

En este ejemplo, la opción B se presenta como la mejor solución. *Un último consejo:* tenga cuidado al interpretar los resultados de *Matriz de decisión* o cualquier otra herramienta similar. Es prudente cuestionar la validez del camino recorrido para llegar a la conclusión obtenida; ¿La conclusión tiene sentido? ¿Qué le dice su intuición? ¿Se siente cómodo con esta conclusión?

Capítulo IV: Solución Creativa de Problemas

Introducción

La **Solución Creativa de Problemas (SCP)**, creada por <u>Alex F. Osborn</u> y <u>Sid Parnes</u>, es un conjunto de procesos que conforman una metodología eficaz para el análisis y resolución de problemas, identificación y desarrollo de oportunidades y el establecimiento de objetivos de mejora.

La **Solución Creativa de Problemas (SCP)** le permite a individuos y a organizaciones ser más creativos e innovadores, logrando solucionar problemas complejos y detectar oportunidades de mejora para la innovación de procesos, productos y servicios.

Problema:

Es una discrepancia entre el resultado y el resultado esperado (*objetivo, meta especificación estándar, estándar, etc.*), siendo un conflicto, cuello de botella, defecto de producto, retraso en la entrega, manejo de residuos y todos los factores que conlleven quejas e insatisfacción en los cliente. Desde una perspectiva optimista, un problema puede ser visto como una oportunidad para hacer algo diferente y generar ventajas competitivas.

Oportunidad:

Combinación de circunstancias favorables que ofrecen la posibilidad de obtener beneficios o ventajas mediante acciones gerenciales adecuadas y oportunas. En el contexto de la metodología **SCP** se define que una oportunidad es un "problema positivo". Para aprovechar esas oportunidades es necesario romper con barreras y crear nuevas condiciones que, en general, requieren el mismo proceder que la solución de "problemas negativos". Por lo tanto, la descripción del procedimiento **SCP** es aplicable al *desarrollo de una oportunidad* tanto como a la *solución de problemas*.

Solución creativa de problemas: 3 Etapas

El SCP se compone de tres etapas, divididas en seis pasos :

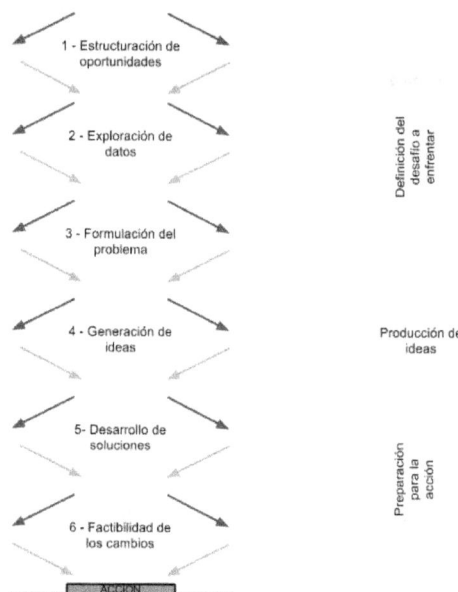

Estos seis (6) pasos guían el proceso creativo estableciendo una valiosa metodología para analizar y comprender el desafío (problema u oportunidad), generar y seleccionar soluciones así como planificar las acciones necesarias para su implementación. Cada paso está conformado por dos fases:

Fase pensamiento divergente:

Durante esta fase se generan muchas opciones y posibilidades que, dependiendo de la etapa, pueden ser datos, definiciones del problema, ideas, criterios de evaluación y estrategias de implementación. Es una etapa en la que se suspende todo juicio, con amplia libertad para imaginar opciones. *Representado por las flechas azules.*

Fase de pensamiento convergente:

Fase de evaluación y toma de decisiones entre las diferentes opciones generadas en la fase anterior. En este momento se realiza la selección de los datos más relevantes, las ideas más prometedoras, los criterios y estrategias más adecuadas y viables. *Representado por las flechas de color naranja.*

Resumen; tres etapas - seis pasos del SCP:

Definición del desafío:

Asegúrese de estar trabajando con los objetivos, las oportunidades y los retos adecuados - realizando las preguntas correctas o describiendo el problema de una manera optimista, que estimula la generación de ideas.

- *Identificación del problema / oportunidades:* identificación y selección un objetivo, problema u oportunidad que representa un desafío.
- *Exploración de los datos:* esfuerzo para identificar todos los hechos conocidos relacionados con la situación. Organizar la información de acuerdo a su importancia y relevancia. Identificar los datos más importantes de la situación.
- *Formulación del problema:* considerar las diferentes formas de describir el problema o la oportunidad, abordando la situación desde diferentes puntos de vista. Definir cuál de estas diferentes visiones mejor describe la situación general.

Generación de las ideas:

Un esfuerzo para identificar las posibles soluciones al problema:

- *Fase divergente:* búsqueda de ideas para resolver el problema teniendo en cuenta las diferentes perspectivas posibles.
- *Fase convergente:* análisis preliminar de las ideas para establecer cuales representan las soluciones potenciales. Seleccionar las mejores para un posterior análisis.

Preparación para la acción:

Las ideas más prometedoras son analizadas, comparadas y mejoradas. Aquellas ideas seleccionadas son desarrolladas hasta generar soluciones útiles y acciones específicas.

- *Desarrollo de soluciones:* examinar cuidadosamente las ideas más prometedoras y darles formato como soluciones potenciales. Utilizando los criterios preestablecidos, seleccione la o las mejores soluciones.
- *Factibilidad de los cambios:* elaboración de un plan de acción para la implementación de las soluciones seleccionadas. Construya alianzas en busca del apoyo y los medios necesarios para vencer la resistencia al cambio, y asegurar una implementación exitosa.

Preparación para el SCP

Aunque el **SCP** es una metodología muy flexible, tampoco puede considerarse como una *panacea*, como una herramienta para todas las situaciones. El éxito del uso de esta requiere de especial atención en relación a algunos aspectos de la situación:

- Los resultados deseados.
- Las personas que participan en las diferentes fases de la metodología.
- La naturaleza del problema a resolver.

Identifique los resultados deseados.

La definición de las características del resultado deseado determinará la idoneidad del SCP a cada situación. Por ejemplo, si *no hay necesidad de algo nuevo o diferente*, el **SCP** puede no ser necesario, o simplemente obviar la segunda etapa, de *generación de ideas*.

Considere las personas involucradas

Identifique y establezca contacto con aquellas personas involucradas en las tareas de desarrollo e implementación de la solución; ¿Hasta que punto están comprometidas o relacionadas con el desafío?

Levante información sobre la naturaleza de las relaciones entre las personas y las unidades involucradas y la existencia de conflictos que pueden crear obstáculos y comprometer las relaciones de cooperación necesarias.

Considere la naturaleza del problema

Desde una perspectiva general de las situaciones, los problemas que se plantean en las organizaciones se pueden clasificar en dos tipos:

Problemas estructurados:

Aquellos que siguen la bien conocida secuencia *efecto - causa - solución*, siendo las variables relacionadas conocidas o fácilmente identificables. Son problemas comunes en la ingeniería, la mecánica, las finanzas, la gestión de la producción y entre otros, como por ejemplo una válvula con fugas, errores en la entrega de mercancía o la presencia de impurezas en la preparación de alimentos. Estos problemas requieren de objetivas, y métodos de análisis y resolución conocidos y confiables, tales como el **MASP - Método de Análisis y Solución de problemas**.

En estos casos, la solución surge de la formulación correcta del problema y el análisis sistemático de los datos recogidos. Si la definición del problema y el análisis de los datos se hace correctamente, las causas serán identifican y la solución correcta será evidente.

No siempre la solución a este tipo de problema requiere de creatividad y la imaginación. La clave para generar buenas soluciones se basa en contar con conocimiento y experiencia en el tema, la correcta definición del problema y el cuidado durante la recopilación, organización y análisis de datos. Si existe más de una solución, es posible utilizar criterios objetivos para seleccionar la mejor de las opciones.

Problemas no estructurados:

Son aquello difusos, ambiguos y a menudo complejos, sin una definición clara del camino a seguir para su resolución. Puede tener varias soluciones alternativas, con diferentes grados de efectividad y aceptación por parte de las partes involucradas. Son problemas que requieren de un enfoque especulativo y explorar ideas desde diferentes perspectivas, como por ejemplo; *¿Cómo mejorar el servicio al cliente? ¿Cómo aumentar la competitividad de productos X? ¿Cómo hacer frente a la competencia extranjera? ¿Cómo reducir la contaminación ambiental?*

Además de la complejidad técnica, este tipo de problema puede implicar otros elementos como conflictos de interés, incertidumbre sobre los supuestos realizados en la formulación y la solución, limitaciones económicas, sociales y ambientales, entre otros. Por lo general, la evaluación y comparación de las soluciones alternativas requieren del uso de criterios subjetivos.

Además de la experiencia y de los datos, este tipo de problema requiere de creatividad, intuición y de capacidad para lidiar con la ambigüedades, dilemas y conflictos de interés. Entre estos dos tipos de problemas podemos encontrar una amplia gama de problemas que representan una combinación de las características de los dos tipos mencionados.

Determine el enfoque adecuado

Definiendo y comunicando adecuadamente los objetivos deseados, las personas implicadas y la naturaleza del problema, el equipo se encuentra en condiciones de determinar el enfoque más adecuado para abordar el problema y aplicar la metodología *SPC*. Esto incluye la definición de las estrategias, herramientas y la selección del equipo:

Estrategias y herramientas:

No siempre es necesario seguir la totalidad de los seis pasos que implica esta metodología, o que aplique su talento y sus recursos de una manera uniforme. Algunos problemas requerirán de mayor atención en la etapa de *definición del desafío*, por su complejidad, así como otras situaciones le exigirán mayor inversión de energía durante la *generación de ideas,* o durante la tercera etapa, como muestra la figura:

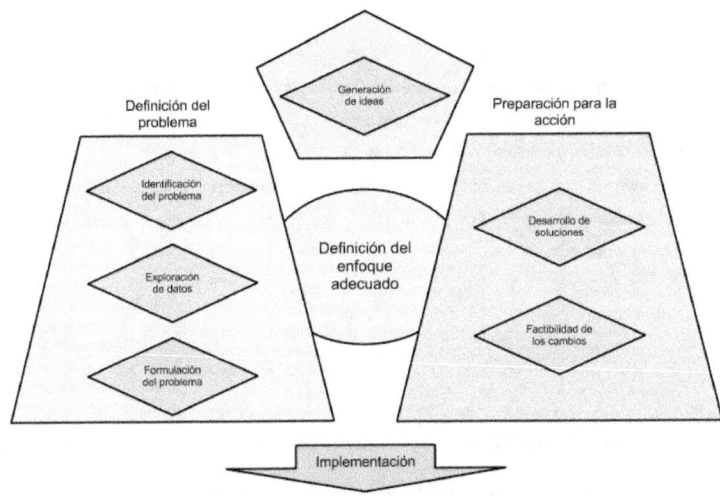

En comparación a lo presentado en la introducción (Solución Creativa de Problemas: 3 etapas) esta opción se muestra más secuencial, dando una idea de *inflexibilidad*, lo que demuestra lo contrario; la flexibilidad que nos ofrece esta herramienta, que al mismo tiempo exige buena planificación en función a la naturaleza y la complejidad de cada desafío.

Los diamantes que representan cada uno de los pasos evidencian el pensamientos *divergente y convergente* presente en cada paso de la metodología. La *definición del enfoque adecuado* de las tres (3) etapas determinará la elección de las herramientas de análisis del problema, de generación de ideas y planificación de la acción.

Selección del equipo:

Esta es una decisión crucial para el *éxito del proyecto*. Es importante elegir los participantes en función a sus competencias, experiencia y la complementariedad de las mismas dentro del equipo.

- ▢ Los conocimientos y experiencia necesaria para comprender el problema o la oportunidad de analizar.
- ▢ Las personas que serán beneficiadas y tienen un interés en el éxito del proyecto.
- ▢ Aquellas personas creativas y curiosas, que pueden aportar una perspectiva diferente e innovadora.
- ▢ Objetividad durante el seguimiento de las etapas de la SCP.
- ▢ Buenas relaciones personales entre los participantes.

Muchos de los miembros del equipo tendrán que conciliar sus actividades diarias con aquellas adicionales del proyecto. Asegúrese que los miembros del equipo cuentan con el tiempo suficiente para cumplir con sus responsabilidades en el proyecto.

Definición del desafío

Durante una entrevista, se le preguntó a Albert Einstein, qué haría si se le otorgara una hora para salvar al mundo. Su respuesta: "Pasaría 55 minutos definiendo el problema y 5 minutos para resolverlo."

La definición del problema es reconocido como uno de los pasos más importantes para encontrar una solución adecuada; una pobre definición nos lleva por el camino errado, logrando soluciones a problemas que no existen, generando pérdida de tiempo, esfuerzo y recursos humanos. Los mejores *solucionadores de problemas* son aquellos capaces de observar los problemas desde diferentes perspectivas y percibir sus peculiaridades.

Muy a menudo lograr una correcta definición del problema es tan o incluso más difícil que encontrar su solución. Más allá de la capacidad de analizar, la definición de problemas complejos requiere de algunas habilidades adicionales tales como la *sensibilidad para percibir* y entender los problemas y las oportunidades, la recolección e interpretación de los datos y la creación y evaluación de las distintas opciones.

Distorsiones en la definición del problema

Los encargados de tomar decisiones, así como para cualquier ser humano, están sujetos a cometer errores sistemáticos de juicio en el análisis de problemas. Estas son algunas de las fuentes más importantes de comportamientos sesgados en la definición de los problemas:

- *Percepción sesgada:* Los seres humanos tendemos, incluso inconscientemente, a filtrar selectivamente la información que recibimos. La forma de interpretar esa información depende de muchos factores: sus creencias, los valores, el estado psicológico, el nivel de la educación, la experiencia previa, las expectativas actuales, la situación financiera, el grado de susceptibilidad a otras opiniones, tendencia al estereotipo, la inseguridad y otros.

- *Información sesgada:* La manera de presentar información puede sesgar la toma de decisiones, sea por omisión, por errores en su comunicación, o la fiabilidad de las fuentes y de los procedimientos de recolección, y la incertidumbre generada sobre la certidumbre de los datos y su nivel de distorsión.

- *Distorsión de la información:* No es raro tener información que ha sido, a veces conscientemente, distorsionada por personas relacionadas, sea por la tendencia a evitar información negativa, mecanismos psicológicos de defensa, intereses personales, rivalidades, luchas de poder, o simplemente la falta de ética.

- *Estereotipos:* Emitir opiniones simplistas sobre personas o situaciones, juzgando superficialmente. Asignar cualidades, defectos, características a algo o alguien de acuerdo a conceptos preconcebidos o clasificaciones esquemáticas fijas, generalizaciones inadecuadas o inexacta.

- *Representación falsa:* Tendencia a emitir juicios rápidos sobre la base de experiencias pasadas en situaciones similares y haciendo caso omiso a las diferencias. Tendencia a dejarse influenciar por acontecimientos recientes y minimizar la importancia de los acontecimientos más lejanos en el tiempo.

- *Pensamiento grupal:* La tendencia observada en grupos de trabajo, que buscan el consenso sobre un tema en lugar de una evaluación realista de la situación. Gerentes dogmáticos tienden a estimular esta costumbre.

La forma en que definimos nuestros objetivos y atacamos el problema afecta en gran medida la manera como abordamos la situación y los resultados que obtenemos. A menudo, la definición adoptada determina por completo las acciones para la solución. Las tres etapas de la fase de *Definición del problema* tienen como propósito prevenir el desperdicio de energía, tiempo y dinero en la búsqueda de solución para el problema equivocado. *Un problema bien definido es la mitad de la batalla, y puede hacer que su solución sea obvia.*

Identificación del problema - Paso 1

El proceso comienza con el reconocimiento de una oportunidad, de una situación problemática, o algún resultados insatisfactorio. En general, las oportunidades y los problemas reales son presentados de una manera muy amplia e imprecisa, por lo que necesitan ser claramente definidos para ser desarrollados y solucionados. Tiempo y energía deben ser invertidos con el fin de prepararlos para su resolución. Los esfuerzos en este paso ayudarán a esclarecer y describir mejor la oportunidad o el problema con el fin de dirigir con éxito las acciones para su resolución.

Considere las siguientes directrices para formulación del problema:

- *Amplio:* Mantenga la formulación del desafío de manera amplia, para no limitar prematuramente su pensamiento y perder oportunidades de enfoques más creativos.
- *Breve:* Sea conciso, claro y simple.
- *Constructivo:* Exprese el reto de una manera positiva o afirmativa. Comunique lo que desea lograr, obtener o realizar, **no** lo que no quiere o desea evitar. Utilice verbos de acción como: mejorar, aumentar, reducir, eliminar, promover, desarrollar, ampliar, impulsar, fortalecer, producir, cambiar, etc.

Siempre tenga en cuenta que la descripción del problema **no es** la formulación del problema; sigue siendo una descripción preliminar, todavía amplia, del problema u oportunidad. Todavía no proporciona una descripción específica, precisa o detallada del problema u oportunidad que desea o necesita desarrollar.

Selección de oportunidades

Sí se enfrenta a múltiples oportunidades o problemas a resolver, adopte los siguientes criterios para establecer prioridades:

- *Influencia:* ¿Puede hacer algo para resolver el problema? ¿Hasta qué punto? ¿Tiene la autoridad para tomar decisiones, obtener la cooperación y/o los poderes necesarios para resolverlo?
- *Gravedad:* ¿Es realmente importante resolver este problema? ¿Tiene consecuencias críticas para usted y otras personas?
- *Urgencia:* ¿Necesita de una solución inmediata?
- *Tendencia*: Si no enfrenta este problema ahora, ¿qué sucederá? ¿La situación se deteriorará o se mantendrá igual?

Utilice estos criterios para decidir priorizar qué oportunidad o problema, entre los muchos que debe enfrentar, debe ser evaluado a la brevedad y cuáles pueden esperar. Después de la identificación y formulación del problema, puede pasar a *Explorar los datos* o considerar otra etapa de la metodología SCP.

Exploración de datos - Paso 2

Este paso es el puente entre el *reconocimiento del problema*, discutido en el paso anterior, y su definición clara, siendo este el próximo paso; *Formulación del problema*. En esta etapa, se deben explorar todas las posibles fuentes de información sobre la situación problemática: impresiones, percepciones, registros, informes, noticias, artículos, las opiniones de los empleados, directivos, clientes y proveedores, etc.

La correcta definición del problema requiere un análisis cuidadoso de la información sobre la situación. Sólo entonces podremos percibir, comprender y focalizar los aspectos pertinentes a la solución efectiva del problema. Es importante que se examine la situación desde diferentes puntos de vista, recopilando información, impresiones, percepciones y sentimientos, y así poder determinar qué datos son los más importantes para comprender la situación y definir correctamente el problema. A menudo, la percepción del verdadero problema viene de fuentes inesperadas o generalmente ignoradas.

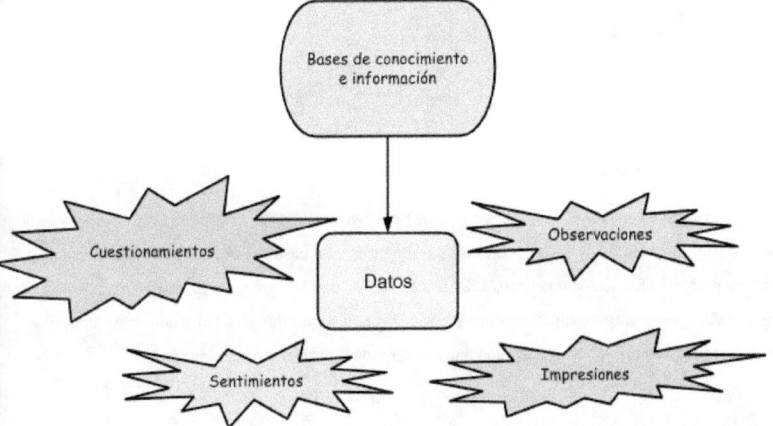

La exploración de los datos debe considerar:

- *Base de conocimientos e información:* conocimiento específico sobre eventos, personas, lugares o situaciones; aquello que se conoce y puede ser percibido, medido, calculado, comprobado, descubierto. Aquella información que pueda recordar y utilizar.
- *Impresiones:* escuche a su "sexto sentido", las imágenes de experiencias pasadas, la intuición y las corazonadas.
- *Observaciones:* lo que ve, oye, toca o siente. Examine detenidamente la situación y registre la información que recibe a través de los sentidos.
- *Sentimientos:* el impacto de la situación en las personas; su sensibilidad a los sentimientos o reacciones emocionales y afectivas, sus preocupaciones con la armonía y las relaciones.
- *Cuestionamientos:* los aspectos en los que se sienten inseguros, confundidos o mal informados; la curiosidad, las paradojas o sentimientos de perplejidad acerca de la situación.

En resumen, durante la exploración de los datos, se debe examinar la situación desde diferentes puntos de vista (fase divergente) y así determinar que datos son los más importantes (fase convergente) para la comprensión de la situación y la correcta descripción del problema.

Después de esta fase, debe seleccionar los datos realmente pertinentes, que serán analizados en el siguiente paso.

Formulación del problema - Paso 3

Este paso es la conexión entre la *adquisición de datos* y la *generación de posibles soluciones.* Después de la selección y la comprensión de los hechos y datos pertinentes, este paso nos exige mejorar la definición inicial del problema formulado en el paso 1. Esto puede sonar simple, pero no lo es; muy a menudo, los resultados del primer paso resultan siendo, a pesar de las advertencias de este libro, una visión limitada o distorsionada de la situación, o la confusión entre el verdadero problema y sus síntomas.

Algunos aspectos que influyen en la definición del problema:

- ⬚ Confundir el problema con sus síntomas.
- ⬚ Confundir las hipótesis con los hechos.
- ⬚ Evaluar antes de investigar.
- ⬚ Actuar antes de pensar.
- ⬚ Equiparar de experiencias nuevas y viejas, sin comprender los detalles de la nueva situación.
- ⬚ Quedarse en la superficie y no cuestionar más allá de los aspectos más obvios.
- ⬚ Limitar el análisis del problema a su campo de especialización profesional.
- ⬚ Orientar las decisiones hacia un único objetivo, ignorando que muchos problemas presentan múltiples aspectos que deben ser abordados simultáneamente.

Cuestionar la definición inicial es un paso importante, y junto con los datos obtenidos en el paso anterior, le permitirá definir correctamente el problema real, es decir, desarrollar una definición específica, clara, objetiva que estimule la búsqueda de diferentes posibilidades y opciones.

Para ello, no formule el problema de manera negativa, como por ejemplo: *"El problema es que no tenemos los recursos (tiempo, o apoyo) suficientes para hacer el trabajo."* Este tipo de formulación es desalentadora y proporciona razones para no actuar, sino reaccionar. La formulación debe ser positiva, constructiva y desafiante a la imaginación y la capacidad creativa.

- ⬚ *Forma de la pregunta:* debe preguntar qué hacer para obtener la solución de una situación no deseada o como convertir una oportunidad en un beneficio o ventaja.
- ⬚ *Estimula la creatividad:* debe invitar a utilizar la imaginación y generar muchas ideas y opciones.
- ⬚ *Sin limitaciones:* debe ser lo más amplia y abierta posible, y así promover la generación de muchas ideas, incluyendo ideas radicales e inusuales. No debe imponer limitaciones, restricciones o criterios que restringen la creatividad.
- ⬚ *Concisa:* debe ser breve y al grano, de tal manera que sea fácil de entender y que lleve a la acción de inmediato.
- ⬚ *Clara y objetiva:* debe dejar en claro el propósito y la acción a tomar, el verbo de acción debe ser constructivo y activo (aumentar, mejorar, reducir, etc.), y el objetivo debe indicar de manera clara y concisa el objetivo de la generación de ideas (que se quiere incrementar, mejorar o reducir, etc. .)

Algunos ejemplos que pueden ayudarle a formular adecuadamente sus problemas:

- ¿Cómo aumentar nuestras exportaciones al mercado asiático?
- ¿Cómo reducir en un 10% el coste de fabricación del producto ABC?
- ¿Cómo mejorar el servicio al cliente?
- ¿Cómo promover la cooperación entre los departamentos de ingeniería y producción?

En muchas situaciones puede dudar entre varias opciones para la formulación del problema, y la elección de la más adecuada requiere la consideración de los siguientes aspectos:

- ¿Cuál es la esencia de mis metas, objetivos y deseos?
- ¿Qué opción ofrece el enfoque más útil?
- ¿Cuál generará las ideas más valiosas?
- Algunas formulaciones abordan temas o preocupaciones similares; ¿pueden ser combinadas?
- ¿Con cuál de las opciones debería empezar a trabajar?

Para una mejor orientación en la formulación del problema visite la sección "*la arquitectura de las preguntas creativas*".

Generación de ideas

Generación de Ideas - Paso 4

Una vez que el problema está claramente definido, es el momento de generar un gran número de posibles soluciones usando técnicas de creatividad previamente seleccionados. En esta etapa, y con la ayuda de estas herramientas, la mente trabajará libremente de prejuicios o limitaciones, generando ideas que luego serán evaluados, comparadas, mejoradas o combinadas. Para seleccionar herramientas ver Capítulo II Herramientas para la creatividad.

Las herramientas son recursos valiosos en aras de evitar y romper los bloqueos creativos discutido en el Capítulo I (bloqueos mentales), más no son suficientes. Es esencial que el equipo responsable de solucionar el problema se comprometa y cultive actitudes que fomenten la creatividad y libertad a la imaginación.

Las actitudes de las personas altamente creativas

La creatividad *no es sólo una cuestión de técnicas y habilidades*, pero sobre todo, es una actitud mental a la hora de enfrentar a los problemas, las oportunidades y las ideas; incluso para alguien versado en las técnicas de creatividad, sí carece de la actitud mental correcta, ¡estas técnicas no producirán resultado alguno! Para ser eficaces, estas herramienta deben acompañarse de esa actitud mental valiente de crear, sin miedo, y comunicar esas ideas, evaluar diferentes perspectivas, así parezcan a primera vista imposibles. En el Capítulo I - El proceso creativo, hemos desarrollado el tema.

Pre-selección de ideas

Después de la generación de ideas es el momento para llevar a cabo un análisis y decidir cuáles son los más prometedores, aquellas que merecen la pena ser desarrolladas como potenciales soluciones. Esta clasificación puede realizarla en base a lo desarrollado en el Capítulo III - Desarrollo y Selección de Ideas.

En este proceso de preselección, intente identificar las ideas más prometedoras y atractivas, las que ofrecen mayores oportunidades de lograr resultados nuevos y diferentes, o que agreguen valor a la situación actual. No olvide que las ideas que pueden ser combinadas.

Preparación para la acción

Desarrollo de Soluciones - Paso 5

En este paso, las ideas consideradas valiosas y prometedoras son evaluadas de acuerdo a criterios predefinidos, comparando sus beneficios, costos, plazos y aspectos organizativos, humanos, políticos, etc. De este paso se obtienen medidas medidas concretas para resolver el problema.

Explorando ideas prometedoras

Este paso ofrece la oportunidad de examinar más de cerca las ideas consideradas como *prometedoras* en el paso anterior, pero es algo más que juzgar y elegir. Una parte importante de este paso es el *análisis detallado de las fortalezas y debilidades* de cada idea, con el fin de detectar el potencial de mejora de las ideas, *¿cómo se pueden reforzar sus fortalezas?*, *¿cómo neutralizar sus debilidades y cómo eliminar o anular* *las barreras para su implementación?* En esta etapa debe recordar que:

- ☐ Las ideas no son simplemente buenas o malas; todas las ideas tienen fortalezas y debilidades.
- ☐ Su objetivo no es encontrar una (1) sola idea, sino el identificar todas las posibilidades y alternativas posibles, en aras de encontrar soluciones.

Comparación y selección

Sí como es de esperarse, cuenta con un gran número de opciones y alternativas, se hace necesario realizar una cuidadosa evaluación para así seleccionar la mejor(es) ideas. Sin embargo, es importante destacar que existen ciertas diferencias, en función al número de alternativas que haya podido generar su equipo. Es posible que el problema no permita o exija la creación de un gran número de ideas:

Trabajar con pocas opciones:

Incluso con un pequeño número de opciones, es importante hacer una evaluación cuidadosa y sistemática de las posibilidades que ofrece cada opción, antes de tomar una decisión. En este caso, puede utilizar una técnica sencilla basada en los *beneficios, el potencial y las limitaciones* de cada opción.

- ☐ *Beneficios:* lista de las características positivas, fortalezas y ventajas de cada idea. Es importante comenzar a resaltar los aspectos positivos y establecer una relación constructiva y positiva.
- ☐ *Potencial:* los beneficios a largo plazo, los elementos positivos que pueden tornarse posibles, sí esta idea es escogida.
- ☐ *Limitaciones:* las debilidades o limitaciones potenciales que deben ser considerados antes de decidirse por esta opción. Explore las maneras en cómo pueden eludir o anular estas limitaciones.

Trabajo con muchas alternativas:

En este caso es necesario utilizar una Matriz de decisión para examinar y comparar las opciones utilizando los criterios desarrollados para evaluar y priorizar las diferentes opciones. Cuando haya aplicado todos los criterios a todas las opciones, analice los resultados para determinar los próximos pasos. *Importante*; no tiene por qué seleccionar de una única opción. Identifique las opciones que puedan ser implementadas de inmediato, las que deben ser modificadas o combinadas, y aquellas con potencial a largo plazo.

Factibilidad de los cambios - Paso 6

Es una etapa muy importante, ya que comprende todos los esfuerzos que debe invertir para asegurar que sus ideas sean aceptadas y se conviertan en soluciones útiles. Investigue todos los medios para conseguir el apoyo y minimizar la posible resistencia al cambio. Por último, desarrolle un plan específico de acción concreto, al corto y largo plazo, y así garantizar los recursos, llevar a cabo las actividades y evaluar su progreso; identifique lo *que se puede hacer, por quién, cuándo, dónde y cómo.*

Identifique los posibles partidarios - personas, recursos y condiciones:

- ¿Quién?: Personas útiles y/o que se beneficiarán de de los cambios.
- ¿Qué?: Recursos esenciales necesarios.
- ¿Cuándo?: La temporada más favorable.
- ¿Dónde?: El lugar más adecuado.
- ¿Por qué?: Los argumentos más fuertes que justifican la selección.

Identifique posible resistencia al cambio - personas, recursos y condiciones:

- ¿Quién?: Los críticos y opositores. ¿Quién tiene algo que perder? ¿Quién está preocupado?
- ¿Qué?: Recursos que pueden faltar, perderse o pasarse por alto.
- ¿Cuándo?: El tiempo menos favorable.
- ¿Dónde?: El lugar menos adecuado.
- ¿Por qué?Los justificaciones más débiles de sus ideas.

Este es el momento de poner en práctica todo su poder de persuasión y su capacidad para hacer frente a la indiferencia, la sospecha, los argumentos infundados, la envidia así como a las objeciones sinceras y constructivas. Por último, los instrumentos de seguimiento son definidos para evaluar los resultados obtenidos y la eficacia del plan de acción, así como para identificar la necesidad de una acción correctiva.

Utilice el formulario adjunto - Modelo para la planificación de la implementación - para consolidar la información obtenida en la etapa de factibilidad del cambio.

Implementación de la solución

En esta etapa, el plan de acción es iniciado para implementar los cambios aprobados y para que los resultados sean monitoreados y así evaluar su eficacia. El equipo responsable debe permanecer vigilante y así identificar fallas y actuar con prontitud para corregir y hacer los ajustes necesarios. Siempre que sea posible, probar los cambios en un proyecto piloto para identificar y corregir errores antes de implementar los cambios en todo el sistema.

En el siguiente capítulo le presentamos algunos ejemplos y *"Best Practices"* de las herramientas de generación y selección de ideas, y así garantizar el éxito de la planificación, ejecución y seguimiento de la implementación de acciones de mejora e innovación.

Apéndice - Modelo para la planificación de la ejecución

Propósito: Crear un formato de soporte para la implementación de sus ideas de mejora.

Directrices:

- ☐ Utilice este formulario para consolidar la información obtenida en la etapa de *factibilidad del cambio*, que le servir de base para la preparación de su Plan de Acción
- ☐ Adapte este modelo a sus necesidades específicas.

Objetivo:

Resultados:

Etapas ¿Que debe ser realizado?	Responsables ¿Quién lo hará?	Plazo ¿Cuando?	Recursos A. Disponible B.Necesarios - financieros, humanos, políticos, etc.	Barreras potenciales A. Individuos u organizaciones resistentes al cambio B. ¿Como?	Plan de comunicación ¿Quién debe participar? ¿Con qué frecuencia?
1			A. B.	A. B.	
2			A. B.	A. B.	
3			A. B.	A. B.	
4			A. B.	A. B.	
5			A.	A.	

			B.	B.	
6			A. B.	A. B.	
7			A. B.	A. B.	

Evidencia de progreso - *¿Cómo sabemos si estamos progresando?*

Proceso de Evaluación - *¿Qué indicadores serán utilizados para evaluar si el objetivo fue logrado?*

Capítulo V: Transformando ideas en acciones

Cómo transformar las ideas en acciones

¿Por qué muchos proyectos de innovación no logran ser más que un proceso "generación de ideas", fallando a la hora de implementar esas ideas? Incluso contando con la participación de los mejores cerebros en el proyecto, el fracaso puede estar presente, destinando toda esa energía creativa a un archivo de "ideas potenciales.

La dura realidad es que ser *creativo es importante, más no suficiente*. La transformación de una idea en acción requiere de mucha planificación, disciplina y perseveranci, y esto requiere una evaluación cuidadosa de la situación, de los recursos humanos, materiales y financieros, así como el tiempo requerido para la ejecución de cada paso del proceso de implementación. También se requiere el seguimiento de la ejecución paso a paso, identificar las desviaciones y tomar medidas inmediatas para corregir las fallas y mantener el proyecto en el camino deseado.

La implementación exitosa de proyectos de innovación no es tan difícil como puede parecer, con la condición de que sean conducidos y planificados correctamente. Esto implica una cuidadosa atención a los siguiente cuatro (4) pasos:

- Definición del objetivo
- Elaboración del Plan de acción: actividades, responsabilidades, plazos y recursos
- Viabilidad de cambio
- Gestión de la implementación

Definición del objetivo

El primer paso es *establecer y comunicar claramente* la solución propuesta, el resultado deseado y la fecha límite para completar el proceso de cambio. Los propósitos de la definición de los objetivos son:

- Servir de catalizador y motivador.
- Asegurar el enfoque en los resultados deseados.
- Alinear los esfuerzos del equipo.

- ☐ Proveer el camino a seguir.
- ☐ Permitir la evaluación de los progresos.
- ☐ Identificar rápidamente la necesidad de ajustes y correcciones.

Para lograr estos fines, el objetivo debe ser específico, medible, tangible, realista y tener un plazo para su finalización.

El objetivo debe específico

Podemos definir un objetivo como específico, cuando cualquier persona entiende claramente de que se trata, lo que se quiere lograr y en qué plazos. A mejor comprensión de los objetivos por parte de las personas involucradas, más fácil será lograr su compromiso, motivación y apoyo. Para garantizar la claridad, el objetivo debe ser formulado de la siguiente manera:

Verbo de acción + Objeto + Cantidad + Plazo

Ejemplo: Aumentar nuestra participación en el mercado regional en un 20% hasta el 20 de Diciembre del año 2014

Sí su objetivo es medible, puede ser gerenciado

La inclusión de cantidades y los plazos en la definición del objetivo establece criterios específicos para el seguimiento y evaluación de los progresos, permite identificar desviaciones y tomar medidas correctivas y ajustes en el plan de acción. Seleccione indicadores que le permitan identificar exactamente los progresos logrados frente al plan de acción en relación con el punto de partida, y que porcentaje falta para completar su objetivo.

Si el objetivo se debe cumplir al mediano o largo plazo, establezca metas intermedias para facilitar el seguimiento del progreso del proyecto. Si no se toma esta precaución, corre el riesgo de reconocer problemas y desviaciones en el plan cuando ya es demasiado tarde para salvar el proyecto.

El objetivo debe ser tangible para para compensar sus esfuerzos

El desarrollar objetivos valientes y relevantes es muy importante pero los resultados logrados deben ser compatibles con los recursos humanos, materiales y financieros. Considere las opiniones de aquellas personas interesadas y envueltas en la realización del proyecto, sobre la viabilidad de los resultados deseados y de los plazos establecidos. Si les parece que el objetivo es demasiado ambicioso, examine la posibilidad de dividirlo en etapas, o incluso reformular y ajustar la relación entre costos y beneficios. Plazos considerados poco factibles resultan ser fuertemente desmotivadores.

El objetivo debe pasar por el filtro de la realidad

Además de la disponibilidad de recursos, analizar la viabilidad del objetivo desde el punto de vista de la madurez de la gestión de la organización y su experiencia frente a desafíos de igual complejidad. ¿Son los conocimientos, habilidades y actitudes compatibles y adecuados? ¿Qué se debe hacer para obtener las habilidades necesarias? ¿Existen barreras estructurales (conflictos internos burocráticos, sistemas poco eficientes, etc.) ¿Qué puede obstruir el logro de los objetivos? ¿Cómo eliminar o superar estas barreras? Estas cuestionamientos parecen enormes y complejos, pero son necesarios para lograr conocer el *terreno de batalla*, y así preparar la estrategia frente a posibles obstáculos, allanando el camino a la consecución del objetivo.

Si el objetivo no tiene una fecha límite, nunca será concluido

Mediante el establecimiento de un plazo final, en realidad está realizando un compromiso con usted mismo y su equipo. Los objetivo a largo plazo no son más que un sueño vago y destinado al olvido. Sin plazos no hay manera de evaluar el progreso, y el entusiasmo inicial pronto se desvanece.

Sin embargo, no basta con establecer un plazo para el final del proyecto, sino además es necesario definir el inicio del proyecto y de cada actividad, así como el establecimiento de hitos y puntos de control.

El plan de acción

Con el objetivo definido, el siguiente paso es la preparación de un plan de acción para lograr la consecución del mismo. Sea cual sea su objetivo, no tendrá éxito a menos que tenga una estrategia y un plan que detalle el camino a seguir. Este plan establece las actividades, los plazos, los encargados de estas atividade y los recursos necesarios. El plan de acción es el proceso de operación del objetivo, y debe indicar claramente:

- El objetivo que debe ser alcanzado
- Los pasos que se deben seguir para lograr este objetivo, es decir, las actividades que se deben realizar.
- La secuencia lógica en la que se deben realizar estas actividades.
- La fecha de inicio y fin de cada actividad.
- La persona responsable de cada actividad.
- Los recursos necesarios para realizar cada actividad
- Los resultados intermedios (metas) que deben alcanzarse al final de cada actividad.
- Los indicadores de evaluación, como determinar si las actividades se llevaron a cabo satisfactoriamente.

¿Quién debe participar en la planificación?

Al desarrollar el plan de acción, tenga cuidado evitar algunos errores que pueden poner en peligro su plan de acción:

- Pretender llevar a cabo mucho trabajo en poco tiempo.
- No tener en cuenta adecuadamente las necesidades de recursos humanos (disponibilidad de tiempo, habilidades, etc) ..
- Mal dimensionamiento de los recursos materiales, instalaciones, logística, etc.
- Omitir cualquier paso importante.
- No detallar suficientemente las actividades.
- Ignorar las dependencias entre las actividades y su secuencia.
- No aclarar adecuadamente quien tiene la responsabilidad y autoridad sobre cada actividad a ser realizadas.

Por lo tanto, para asegurar el éxito, es decir, que las actividades suceden en la secuencia y tiempo adecuado, es esencial que todas las unidades y los individuos involucrados participen en el proceso de planificación. Esto incluye a las personas directamente responsables de la implementación, así como los directores de unidad responsables de las actividades de apoyo, la provisión de recursos, logística, etc.

Las actividades de planificación: paso a paso en una secuencia lógica

Las actividades son los pasos que necesita ejecutar para lograr los resultados intermedios que contribuyen al logro de la meta final. Por lo tanto, el proceso desde punto de partida hasta el objetivo deseado queda desmembrado en resultados intermedios; los pasos necesarios para alcanzarlos. Estos pasos deben ser ordenados en una secuencia lógica, y alguien debe asumir la responsabilidad de este orden.

Antes de detallar cada paso, es necesario definir una estrategia para llegar al resultado final. La mejor manera de hacerlo es llevar a cabo una reunión para determinar las posibles opciones y selecciona la mejor, teniendo en cuenta los criterios adecuados, como los recursos humanos, el costo, el tiempo y otros.

¿Cuando deben ser ejecutadas las actividades?

Cuando llegue el momento de planificar el tiempo necesario, la clave del éxito radica en la secuencia, es decir, que las actividades sean ejecutadas en el orden correcto, sin que haya interrupciones y retrasos causados por una actividad que debería haberse hecho, y no todavía no ha sido completada. La definición de cuándo se debe realizar cada actividad requiere:

- ⬚ Establecer cuando debe ser alcanzado el resultado final.
- ⬚ Identificar las dependencias entre las actividades, es decir, aquellas actividades que para ser iniciadas, requieren de la conclusión de otras ciertas actividades.
- ⬚ Identificar las actividades que pueden ser realizadas total o parcialmente de manera simultánea (en paralelo).
- ⬚ Establecer una fecha realista para el comienzo de cada actividad.
- ⬚ Calcular la duración de cada actividad.

Cumplidos los pasos anteriores, represente gráficamente el proceso de planificación usando u cronograma. Así será más fácil comprobar si hay conflictos o discrepancias que puedan perturbar la buena marcha del proyecto.

¿Quién será responsable de la ejecución?

A menos que se establezca quien es responsable de la ejecución de cual actividad, no pasará absolutamente nada, y la ejecución del plan de acción pasará a ser un sueño. La responsabilidad debe ir acompañada de un nivel equivalente de autoridad, para permitir al responsable resolver rápidamente los problemas del día a día. Al decidir quién debe ser responsable de una actividad en particular, debe considerar:

- ☐ La experiencia, el conocimiento y las habilidades requeridas por la tarea.
- ☐ ¿Quién está dispuesto a aprender, enfrentar desafíos y hacer algo diferente y nuevo?
- ☐ ¿Quién está disponible para realizar la tarea a la hora prevista para su ejecución?

Si nadie es *capaz,* está *disponible y dispuesto,* es necesario capacitar a algunas personas o incluso contratar a un equipo de forma temporal. Esto puede requerir ajustes en el calendario de ejecución.

Viabilidad del cambio

Al final de un proyecto extenso, al proponer un cambio en algún proceso, la propuesta de un elemento innovador, un plan de acción, un plano, sea el proyecto que sea, después de tanto trabajo y esfuerzo sentimos que el proceso de aprobación no debe ser complicado; ¡está perfecto! Tendemos a asumir que nuestro entusiasmo por ese proyecto es contagioso. La probabilidad que su idea sea recibida con pasión y apoyo incondicionado son muy bajas; así sea un proyecto brillante.

Escape de la trampa; del mito del héroe innovador. Incluso, en algunas organizaciones es posible que ese héroe sea inmolado como resultado de envidias, intereses encontrados o simplemente porque la organización no estimula la innovación. Recuerde que el éxito de su emprendimiento o proyecto de innovación **no solo depende** de la calidad de su idea y del plan de acción, sino de su capacidad de convencimiento, comunicación de los beneficios generados, su viabilidad y características.

- ☐ *Construya alianzas:* contacte a las personas clave en la aprobación de su propuesta e intente captar su interés y aprobación. No vaya a la presentación del proyecto sin una buena red de alianzas.
- ☐ *Identifique a los posibles rivales:* ¿quien se ve afectado por los cambios que introduce el proyecto? ¿que grupo se siente amenazado o incómodo frente a los cambios? Prepárese para las críticas y objeciones, y responda con objetividad y respeto a las personas que no comparten su punto de vista.
- ☐ *Simplicidad:* no sobrecargue su propuesta con toneladas de datos y análisis; limitarse al mínimo

necesario. Sea directo y conciso, muchos detalles pueden distraer a la audiencia, o proporcionar oportunidades a los enemigos de su propuesta.

▫ *Destaque los beneficios:* la gente quiere saber cómo pueden beneficiarse al apoyar su proyecto. Asegúrese de presentar la idea en términos de los beneficios generados.

El arte de vender sus ideas

Vender ideas no es una tarea fácil; a diferencia de un producto, una idea no se puede palpar, oler o medir. La *fuerza de ventas de sus ideas* consiste en su capacidad para persuadir y transmitir sus ventajas, beneficios y viabilidad.

El punto crucial de todo proceso de cambio es el momento en que sus propuestas sean evaluadas por quién tiene la autoridad y el poder de decisión. Sus ideas pasarán no sólo por nuevas evaluaciones, de acuerdo con criterios objetivos de viabilidad operativa, técnica y económica, sino también el escrutinio de los diversos intereses, visiones y enfoques diferentes a su perspectiva. Poco importa si estos intereses son legítimos o no, o si esos enfoques son relevantes o no; ellos estarán presentes y no puede ser ignorados.

Ha llegado el momento de poner a prueba sus habilidades de persuasión y negociación. Toda precaución es poca y ninguna preparación es exagerada. Después de varios años lidiando con estas situaciones, aprendí ciertos detalles que me han ayudado a afrontar con éxito este tipo de desafíos:

▫ *Verificación previa:* en este momento la persona menos indicada y fiable para juzgar su propuesta, es usted; ama su idea, los defectos los ha analizado y neutralizado, siente que es perfecta. Presente su proyecto a un grupo de amigos, y pide sus opiniones críticas. En lugar de discutir y exponer razones, solicite que le aclaren sus puntos de vista, y estudie sus respuestas con cuidado; un poco de humildad en este momento le ahorrará, probablemente, momento de vergüenza y frustración más adelante.

▫ *Público objetivo:* conozca a las personas que tienen el poder de decisión sobre su propuesta; sus intereses, preocupaciones, valores y lenguaje. ¿Quién es la persona clave en la toma de decisiones, quién confía en su idea puede defenderla, quienes los rivales. Trate de expresar los beneficios de su idea en el lenguaje de estas personas.

▫ *Empatía:* tome el lugar de cada una de esas personas, e intente entender su perspectiva, su punto de vista sobre el proyecto, y como se ven afectados con los cambios propuestos. No se trata de de estar de acuerdo con todos, sino de lograr entender su posición y posiblemente prever cómo reaccionarán, y lograr argumentar de manera sincera, amable leal. Sea firme al defender sus ideas, pero no subestime ni ignorar las inquietudes de aquellos que no están de acuerdo, recuerde que sí sale victorioso igualmente requerirá de su apoyo para la implementación.

- ☐ *Credibilidad:* durante su presentación, los oyentes pondrán en tela de juicio su dominio de la materia y la veracidad de sus afirmaciones y datos, mientras le escuchan cortésmente. Solo actuarán y le acompañarán sí creen en usted y sus capacidades. Algunos consejos para fortalecer su credibilidad:

  - ☐ Sea prudente, no asuma que le apoyarán incondicionalmente.
  - ☐ Revise cuidadosamente los datos y fuentes de información.
  - ☐ Diga la verdad, aunque sea "dolorosa", y no olvide argumentar con tacto.
  - ☐ No exagere y evite poner a prueba su credibilidad frente a los oyentes. Como dice el proverbio dice; *el que mucho abarca, poco aprieta.*
  - ☐ *Señale las desventajas*, así se presentará de la manera más verosímil y profesional posible.

La gestión de la ejecución

Una vez definidos los objetivos de la innovación, las acciones previstas para alcanzarlos y sasí como su aceptación y aprobación, el próximo paso debe ser el cosechar los beneficios de su brillante idea; ¿o no? Desafortunadamente *no*, le queda un largo camino por recorrer. Si usted cree que el éxito ya está asegurado, puede estar totalmente equivocado, víctima del exceso de confianza y la falta de cuidado en la *fase más crítica* de todo el proceso innovador; la ejecución.

En la mayoría de las organizaciones, los buenos ejecutores no disfrutan del mismo respeto que los creativos y los planificadores, los que son a menudo respetados por sus dotes intelectuales; los ejecutores son igualmente valorados, pero en un nivel inferior, como capataces diligentes, perseverantes y disciplinados; una visión y generalmente, equivocada e injusta.

La implementación requiere mucho más que las habilidades y la energía de un capataz. Un buen ejecutor aporta capacidad de liderazgo, conocimiento y experiencia en la gestión de proyectos, así como la capacidad de percibir los problemas y resolverlos con rapidez y eficacia.

Las claves de la aplicación efectiva

La implementación exitosa se basa en una buena comunicación, indicadores para evaluar el progreso, la rápida solución de problemas y llevar a cabo revisiones periódicas del plan de acción.

- *Comunicación:* Antes del inicio de las actividades, el director del proyecto debe asegurarse que todos los involucrados entiendan claramente los objetivos, el plan de acción, las responsabilidades y autoridad de cada persona. Es responsabilidad del administrador crear y mantener los canales de comunicación, y así garantizar que la información fluya rápidamente, sin barreras e interrupciones, y que los problemas que surjan son reportados y resueltos rápidamente.

- *Indicadores:* Sobre todo para los proyectos de mediano y largo plazo, más allá de los indicadores para medir el logro de los objetivos finales, es importante contar con elementos de evaluación para las actividades más críticas. Estos deben proporcionar advertencias sobre los problemas que pueden ocurrir, y de esta manera afectar a la consecución de los objetivos finales. Los indicadores deben ser simples, fáciles de obtener y de reportar, en una cantidad mínima y suficiente para supervisar las actividades críticas. En aras de establecer los indicadores de alerta, le recomendamos estas preguntas:

  - ¿Qué actividades críticas pueden afectar a la consecución de los objetivos finales si no se ejecutan exactamente como estaba previsto (calidad, tiempo y costo)?
  - ¿Cuáles son los plazos para iniciar y completar estas actividades críticas?
  - ¿Qué resultados - calidad, tiempo y coste - deben ser obtenidos al concluir estas actividades críticas?
  - ¿Cómo medir y evaluar los resultados?

- *Solución de problemas:* la definición de responsabilidades y autoridad debe hacer hincapié en la urgencia de resolver los problemas con eficacia y, cuando sea posible, por las mismas personas que se han identificado. Para ello, se recomienda que sea acordada una metodología común para analizar el problema, identificarlo y eliminar sus causas verdaderas.

- *Evaluaciones formales:* son nulas las posibilidades de éxito de un plan de acción que no sea evaluado y revisado cuando sea necesario. La frecuencia de la evaluación depende de la duración y la complejidad del esquema, variando de una a cuatro reuniones por mes. Las reuniones de evaluación y revisión del plan deben ser organizadas de forma para ofrecer oportunidades y medios para:

  - Evaluar el progreso de las actividades y el plan en general.
  - Presentación de los problemas, obstáculos y preocupaciones sobre el progreso del plan.
  - Clarificación de los objetivos, actividades, plazos, responsabilidades y autoridades.
  - Recomendaciones sobre cambios y ajustes al plan original.

- Cualquier otra cosa que se considere relevante para el éxito del plan.
- Un buen ejecutor de proyectos nunca olvida la primera ley de Murphy: *Si algo puede salir mal, lo hará. Además, lo hará de la peor manera, en el peor momento y así provocará el mayor daño posible.*

Ha llegado al final del Volumen 3.

Visite la página oficial del libro, - y así adquirir el libro que incluye los tres volúmenes- y la de la serie - y adquirir alguno de los otros volúmenes.

No olvide dejar sus comentarios en la o través del Twitter

A seguir siendo creativo

A pesar de ser un contenido digital, no es de dominio público y no puede ser reproducido por terceros ni duplicado de ninguna manera.

Bibliografía

- Adams, James L. The Care & Feeding of Ideas – A Guide to Encouraging Creativity. Menlo Park. Addison Wesley, 1986.
- Amabile, Teresa M. Creativity in Context. Boulder. Westview, 1996.
- Amabile, Teresa M. e outros. Harvard Business Review on Breakthrough Thinking. Boston. HBS Press, 1999.
- Brown, Tim. Design Thinking. Río de Janeiro. Elsevier Editora Ltda, 2009.
- Buzan, Tony. Mapa Mental. Río de Janeiro. Sextante, 2009.
- De Bono, Edward. Criatividade Levada a Sério. São Paulo. Pioneira, 1994.
- Csikszentmihalyi, Mihaly. Creativity: Flow and the Psychology of Discovery and Invention. Harper Perennial, 1996.
- Fox, Mark L. A Practical Approach to Creative Thinking. www.slyasafox.com
- Horowitz, Roni. Introduction to ASIT. www.start2think.com
- Johansson, Frans. O Efeito Medici. Cruz Quebrada. Casa das Letras, 2007.
- Johnson, Steven. Where Good Ideas Come From. New York. Riverhead, 2010.
- Jand, George & Jarman, Beth. Ponto de Ruptura e Transformação. São Paulo. Cultrix, 1995.
- Kilmann, Ralph H. Gerenciando sem Recorrer a Soluções Paliativas. Río de Janeiro. Qualitymark, 1991.
- Lubart, Todd. Psicologia da Criatividade. Porto Alegre. Artmed, 2007.
- Lucchetti, Stefania. Ideas in reality – Making Your Ideas Happen. Hong Kong. Restless Travelers Publishing Ltd., 2011.
- McCoy, Charles W. Why Dind't I Think of That? Paramus. Prentice Hall Press, 2002.
- Michalko, Michael. Thinkertoys – A Handbook of Business Creativity. Berkeley. Ten Speed Press, 1991.
- Osborn, Alex F. O poder Criador da Mente. São Paulo. IBRASA, 1965.
- Plsek, Paul E. Creativity, Innovation and Quality. Milwaukee. ASQ Quality Press, 1997.
- Praher, Charles. Manager's Guide to Fostering Innovation and Creativity in Teams. New York.

McGraw Hill, 2010.

▢ Sickafus, Ed. Unified Structured Inventive Thinking – A Overview. www.u-sit.net

▢ Takahara, Toshio. Logical Enhancement of ASIT. www.triz-journal.com

▢ Thompson, Charles. Ideias em Ação. São Paulo. Saraiva, 1996.

▢ Torre, Saturnino de La. Criatividade Aplicada – Recursos para uma Formação Criativa. São Paulo. Madras Editora Ltda, 2008.

▢ Treffing, Donald J. Creative Problem Solving – An Introduction. Buffalo. Prufrock Press, 2000.

▢ VanGundy, Arthur. Getting to Innovation. New York. AMACON, 2007.

▢ Vogt, Eric E. & Brown, Juanita & Isaacs, David. The Art of Powerful Questions. www.theworldcafe.com

▢ Von Oech, Roger. Um Toc na Cuca. São Paulo. Cultura, 1988.

▢ Yousuf, Muhammad Imran. Using Expert's Opinions through Delphi Technique. Practical Assessment, Research & Evaluation, Volume 12, Number 4, May 2007.

▢ Zhang, Jun e outros. 40 Inventive Principles with Applications in Service Operations Management. www.triz-journal.com